Seerosen leuchten

AF236050

Anne Höver OFS (Ordo Franciscanus
Saecularis) ist Diplompsychologin.
Sie ist christlich-jüdisch inspiriert und hat
Hinduismus, Buddhismus und Tibetologie
studiert.

In ihren Gedichten erzählt Anne Höver von
erlebter Natur rund um das alte Fachwerkhaus
ihrer Großeltern

Von Anne Höver sind bei BoD weiterhin
erhältlich die Titel *Mandelzweig und Eisvogel,
Die Nachtigall, Licht im Licht, Salomon singt*
und *Karols unendliche Reise.*

© 2021 Anne Höver
Herstellung und Verlag: BoD – Books on Demand,
Norderstedt
ISBN 9-783753-461915

Anne Höver

Seerosen leuchten

Gedichte

Für meinen lieben Mann Günter

Der Sommer kommt
es blühen wieder
weiße leuchtende
Seerosen im blauen Teich
Fische springen
und plätschern
zwischen Seerosen

inspiriert von einem alten chinesischen Gedicht
aus der Han-Zeit

Blütenkelch
leuchtend schön
in der Sonne aufgegangen
Atmet Licht und Reinheit
hat den Tau des Morgens
aufgefangen

Frosch am blauen Teich
sitzt auf einem Stein
springt ins Wasser
taucht und verschwindet
zwischen den Seerosen

Am blauen See
steht der Silberreiher
am Ufer im Schilf
fängt seine Fische geschickt
verweilt dann in Ruhe
im Sonnenschein
des späten Nachmittags

Das alte Fachwerkhaus
atmet Wärme
Dort
wo in der Frühe
durchs offene Fenster
die Morgensonne scheint
leuchtet pfirsichfarben
der Himmel
und glänzt
Die Wolken schimmern zartrosa
Der frühe Sommer zieht
durchs Haus
Süßer Rosenduft
liegt in der Luft
und Duft von vielen Blumen
aus dem Bauerngarten
steigt auf
und strömt durch das offene Fenster
Rosa in der Morgensonne
leuchten die Wände
im alten Haus
das so warm ist
und voll Licht

In der Sommerlaube
zwischen Weinreben
blüht Clematis auf
es duftet nach Honignektar
und Blütenstaub

Rote Rosen blühen
läuten schon den Sommer ein
Bunte Vögel ziehen
in den Himmel hoch hinein
Veilchen stehen im Walde
schmiegen sich im Polsterbett
in das Moos zart duftend violett

Sommerzeit, Wärme
blühende Gärten
reife süße Kirschen
hoher azurblauer Himmel
mitten in unserer Stadt

Pfirsichduft
und Oleanderblüten
Der frühe Sommer
glänzt am Mittag hell
erste Rosenknospen
öffnen sich ganz zart
Azurblau wölbt sich
der Himmel übers Land

Blühende Sommerwiese
im Glanz der warmen Sonne
leuchten Margeriten weiß
Kuckucksnelken
strahlen hellrosa
Der rote Mohn
glänzt im Weizenfeld
Blaue Kornblumen
wachsen am Wegesrand
Zitronenfalter taumeln
trunken vor Wonne
über das Blütenmeer

Schmetterlinge

Zwei gelbe Zitronenfalter
tanzen um die blaue Kornblume
am Wegesrand
sie fliegen weiter
und sitzen auf der Mohnblume
im Weizenfeld
spielen dann
um die Kuckucksnelke
trinken Nektar
schweben anmutig
über die Blumenwiese
erheben sich
und entschwinden
zum blühenden Waldrand
wo die Wegwarte wächst

Vogelkonzert im Frühling
Ein Zwitschern und Tirilieren
Amseln füttern ihre Jungen
Meisen flattern aufgeregt
vor dem Nest
Im Garten hüpft das Rotkehlchen
um die Buchenhecke
Eine Spatzenschar tschilpt
fröhlich im Gras
flattert um den Gartenzaun
und zieht ihr Jungen
im Nest unter der Dachrinne groß

Eine Gartenbraunelle
sitzt auf dem Zaun
singt lieblich
am Sommerabend
und füttert
im Fliederbusch
ihre Jungen im Nest

An einem strahlenden Sommertag
glänzt eine kleine Goldammer
in der Sonne
und fliegt jubelnd
in den blauen Himmel
hoch hinein

Lerche im Frühtau
fliegt in den Himmel hinauf
singt jubelnd der Sonne entgegen

Blaugrüner Kolibri schwebt
schimmert wie Edelstein
trinkt Blütennektar
aus einer Orchidee

Weißer Lotos blüht auf
Aus dem Inneren ein Strahlen
Welch ein Duft

Lotosblüte

Die reine weiße Lotosblüte
öffnet sich
dir meiner Sonne
Der Duft so fein
Blütenkelch zart
sonnengleiches Inneres
Blüte voll Glanz
und Licht

Aus leuchtendem Farbenspiel
spannt sich
nach einem warmen Sommerregen
ein himmlischer
Regenbogen
weit übers Land
Lichtbogen
Zeichen der Hoffnung
auf das Grünen
und Blühen überall

Forelle tanzt im Wasser
es plätschert
Über dem Bach
leuchtet ein Regenbogen

In den Bäumen
rauscht der Wind
der Sommer
glänzt am See
Der Herbst
verbirgt noch
sein Gesicht
Rosen duften süß
Die Nachtigall
singt scheu ihr Lied

Farbenregen

Freie Poesie
Farbenregen
Purpurrot
Sonnengold
Lapislazuliblau
und Violett
strömen
heiter mir entgegen

Ein Mandelzweig
weiße Blüten
am knorrigen Ast
auf himmelblauem Grund
nie endende Schönheit

nach einem Bild von Vincent van Gogh

Sommerabend

Bunte Astern blühen
purpurrot und violett
Ein Inneres aus reiner Seide
im weichen Blütenbett
Rot glänzt der Abendsonnenschein
Nachts schlafen alle Blüten ein

Nachtigallengesang
in lauer Sommernacht
Mondlicht über dem See
Liebesatem der Natur
Harmonie der Pflanzen
Moosbewachsener Grund
Es neigen sich die Gräser im Wind
umspielen die Blüten
zart öffnen sich Knospen
ein süßer Duft schwebt über allem

Rote Rosen blühen
im Garten wunderbar
Weiße Wolken ziehen
Schwalben fliegen fort wie jedes Jahr
Bis im Herbst die Nebel ziehen
und Sonnenblumen gelb erblühen

Nektar und Ambrosia
Himmelsdüfte
schweben sanft zu mir
In dem blauen Firmament
leuchtet nachts
die Sternenschar
schaut auf mich herab
und wiegt mich leise
in den Schlaf

Mondsichel
über dem Wald
milchiger Schein
freundliches Licht
inmitten funkelnder Sterne
Nächtlicher Himmel dunkelblau
bis in der frühen Morgendämmerung
der Mond bleich wird
und am zartrosa Himmel
die ersten Sonnenstrahlen
zwischen den Bäumen aufleuchten

Goldener Oktober

Rote Blätter
gelbe Blätter
tiefblauer Himmel
leuchtender Palast
Letzte Wärme
Strahlendes Licht
in Bäumen
Bunter Wald
Laubhaufen braun
so warm
Abschied der letzten Blumen
Sonniger Oktober
gekrönt
mit goldenem Weinlaub

Die Blumen verblühen
Erste Blätter fallen
Ein kühler Herbstwind
weht im Garten

Kraniche weiß
fliegen am Herbsthimmel
nach Süden
Bald wird es kalt
Schwärme von Zugvögeln
über den Stoppelfeldern
Erste Nebelschwaden
am frühen Morgen

Novembernebel
erste Sonnenstrahlen
in der Frühe
zwischen Bäumen
Nebelschwaden
vergehen im Licht
Glanz der Sonne
am frühen Tag
bis erste Wärme
den Nebel getrunken hat
und ein klarer Tag anbricht

Barbarazweige
zum 4. Dezember

Kirschzweige
am Barbaratag
frisch geschnitten
aufgestellt
in der feinen Kristallvase
Vorfreude auf Weihnachten
Warten
bis die Blütensich öffnen
Süßer Duft entströmt
den blühenden Kirschzweigen
in der Nacht zum Heiligen Abend

Christrose

Blume voller Anmut
dem Herrn geweiht
mit sonnengleichem Inneren
blühst du zur Weihnachtszeit

Christstern leuchtend Rot
steht du an der Krippe
und schmückst
die Weihnachtszeit
blühst so schön im Winter
und bereitest vielen Freud

Wintersonne

Raureif kam über Nacht
auf Kiefernzweigen
Eiskristalle glitzern
in der Wintersonne
Flocken schweben
vom Himmel zart
und überall liegt
Schnee auf den Dächern

Winterhimmel
mit strahlender Sonne
lichtem weißen Schnee
Wenn Kinder Schlitten fahren
und ein großer Schneemann
im Garten steht
Stille Zeit voller Licht
mit langen dunklen Nächten
Die Tage werden länger
Vorfreude auf den Frühling

Der weiße Mond
leuchtet über Schneefelder
In der klaren Winternacht
strahlen die Sterne
und das Käuzchen ruft

Schneegestöber

Schneegestöber im Januar
Hoch türmt sich Schnee
auf Straßen und Dächern
Schneeflocken
wirbeln in mein Gesicht
Die Wege sind vereist
Dankbar erreiche ich
den warmen Hausflur
Im Wohnzimmer
brennt ein Feuer im Kamin
Wie schön ist es jetzt
daheim einen warmen
Punsch zu trinken
und an den kommenden
Frühling zu denken

Sonnenschein über Schneefeldern
Eisige Kälte im Februar
Glitzernde Eiskristalle auf Zweigen
Sehnsucht nach Wärme und Frühling

Frühlingsahnen

Mitten im Schnee
in der kalten Zeit
kommen lichte Sonnenstrahlen
erzählen von ersten Blumen
von Krokus, von Schneeglöckchen
von Hyazinthen und von Blumenduft
von Vogelstimmen
in den Zweigen der Bäume
und der Sträucher
Frühlingsahnen, helle Sonne
in der stillen Zeit, im Winter

Tannenzweige
bedeckt von Schnee
und glitzernden Kristallen
zur Winterzeit
so festlich heut geschmückt
Doch naht der Frühling
und das Eis schmilzt bald
Die Tanne träumt schon jetzt
von Sonne und von milder Zeit

Murmelnder Bach
Gelbe Narzissen im Moos
leuchten Sonnen gleich
nicken sanft
Aufblühende Frühlingsboten

Der Frühling naht
die Vögel singen
ihre Hochzeitslieder
In der wärmenden Sonne
schmilzt der Schnee
Welche Vorfreude
auf die kommende Zeit

Noch schlafen die Bäume
sie träumen
ihren Wintertraum
Die Knospen eingehüllt
in weiche Schneeflocken
im Licht glitzert der Raureif
Bald kommt neues Leben hervor
Mitten in der Winterpracht
hört man erste Vogelstimmen
Wenn die Tage länger werden
taut der Schnee auf
Dann schwellen die Knospen
und erste Schneeglöckchen
läuten den Frühling ein

Märzregen so sanft
und mild vom Frühlingshimmel
Wärme schon in der Frühe
Ein vielfarbiger Regenbogen
über dem Land
schmückt den heutigen Tag
und erste Gänseblümchen
auf der Wiese heben ihre Köpfe

Konzert in der Natur

Die Vögel singen
im Frühling
es rauscht der Wind
die Wälder raunen
die Blätter rascheln
Am Sommerabend
murmelt der Bach
Tausend Regentropfen
klingen im Herbstgarten
Die Stürme brausen
Im Winter klirren die Eiszapfen
und es knirscht der Schnee
Still und sanft
sinken die Schneeflocken
am Heiligen Abend nieder
Musik in der Natur

Mildes Licht der Frühe
Sonnenaufgang morgens
Frühlingsatem in der Luft
Erste Blattspitzen wagen sich hervor
und Vögel singen frühe Lieder

Rosa blühender Pfirsichbaum
Mitten im April
fallen Schneeflocken
und schmelzen zart
auf den blühenden Zweigen
Amseln singen
bauen Nester
im grünenden Frühling

Schneetreiben im Frühling
Dicke weiße Flocken
schweben vom Himmel
decken die blühenden
Schneeglöckchen zu
Narzissenspitzen
lugen aus dem Schnee hervor
und die Vögel
plustern sich in der Kälte auf
um sich zu wärmen

Im Frühlingsgarten
blühen die Kirschbäume auf
Glanz voll Duft und Licht
Die Melodie der Liebe
singt die Amsel
auf dem Kirschzweig
während es schneit

Kirschblüten

Zweige im sanften Windhauch
bestickt mit schneeweißen Kirschblüten
Atem des Frühlings im Park
Blühende Kirschbäume
voller Duft Licht und Glanz

Apfelbaum im Garten
voller Blüten, rosaweiß
Duft lieblich süß
Vögel in den Zweigen
singen ihr Frühlingsliebeslied

Liebende Augen der Blumen
Vergissmeinnicht blicken zartblau
Schlüsselblumen nicken sanft
weiß strahlen Anemonen
und Vogelgesang erfüllt den Wald

Apfelbaum im Garten

Im Frühling
blühst du
zart rosaweiß
Im Sommer
spendest du Schatten
Im Herbst dann
reife rotgoldene
süße Äpfel
machst du uns
zum Geschenk
Im Winter
bist du schneebedeckt
und glitzerst
zur Weihnachtszeit
im weißen Raureif
wunderbar im Licht

Ringeltauben gurren vom Dach
sie bauen ihr Nest
Jetzt im Frühling
werden die Tage mild
und die Luft lau
Bald grünen die Bäume
Sonnenschein mit blauem Himmel
den ganzen lichten Tag

Narzissenmund
beredte Schönheit
weiß und gelb
Schneeglöckchengeläut
und Hyazinthenduft
überall im Frühling

Duftende Veilchen
Vogelgesang im Wald
Schlüsselblumen
am Wegesrand
schon ruft der Kuckuck

Frühlingslieder klingen
in sonniger Bläue
Amselkonzert
schon am frühen Morgen
Tulpenstrauß in der Vase
auf dem österlich
gedeckten Tisch

Es weht schon
ein warmer Südwind
bringt Frühlingsduft
in die Gärten
Im Wald blühen die Anemonen
und die Moospolster
ergrünen wieder

Kosmische Harmonie
ein voller Frühlingsmond
Sterne schimmern
nachts am Himmelszelt
Geborgenheit
in der österlichen Zeit
Vorfreude
auf die aufkeimende Blumenfülle
der kommenden Tage

Die Kraniche kehren zurück
Am Frühlingshimmel
ziehen sie gen Norden
Sobald Eis und Schnee
geschmolzen sind
verweilen sie nun
an den Ufern der Seen
einen ganzen Sommer lang

Schöner Frühlingstag, Ostern naht
Milde Luft im Garten
Schneeglöckchen blühen
Draußen spielen Kinder
Spaziergänger flanieren im Park
Bald leuchten gelb die Forsythien

Putten in der alten Kirche
Rokokoengel
mit golden Flügeln
musizieren mit Geigen
und Flötenorchester

Weidenkätzchen in der irdenen Vase
auf dem geschmückten Tisch
In der Frühe
liegen die Ostereier für die Kinder
im grünen Nest im Garten
Jubel überall
Nachmittags ein Spaziergang
in der warmen Sonne im nahen Wald

Im Park des alten Schlosses
leuchtet die Krokuswiese blau
Narzissen säumen schon den Wegrand
und Hyazinthen duften in der Sonne

Blütengespräche

Der Apfelbaum
wiegt sich im Frühlingswind
mit seinen Blüten
Die Knospen schimmern
weiß und rosa im Morgentau
Er wispert Liebesworte
zum nahen Kirschbaum
der öffnet
der warmen Frühlingssonne
seine Blütenpracht
Der blühende Birnbaum
stimmt in die Liebesgespräche ein
Blütenduft erfüllt die Luft

Frühlingsluft lind und lau
Vögel fliegen in den blauen Himmel
singen jubelnd Frühlingslieder
Gelbe Osterglocken klingen zart
Im Garten blüht rosaweiß
der Magnolienbaum

Variationen des Tages

Rosa und Sonnengold
bei Tagesanbruch
am frühen Morgen
Lapislazuliblau
der Mittagshimmel
mit goldenem Licht
Tiefviolette Abenddämmerung
mit rotgoldenem Sonnenuntergang
Sternenbestickte dunkelblaue Nacht

Ein Kleiber baut an seinem Nest
Es ist Frühling im Wald
überall blühen Schlüsselblumen
Es duften die lieblichen Veilchen

Schäfchenwolken
Morgenhimmel pfirsichrot
Sonnenaufgang
goldene Strahlen
Frühlingsluft
Vögel zwitschern
ihre Liebeslieder
der Tag beginnt
in österlichem Licht

Die erste Krokusblüte

Die Krokusblüte
erwacht im Frühlingshauch
Vom Licht wach geküsst
wagen sich
erste zarte Blattspitzen heraus
Nach den letzten Schneeflocken
lockt der erste warme Sonnenschein
gelbe und violette
Blütenkelche hervor

Eine Blaumeise nistet
im Frühling
im blühenden Garten
sie füttert ihre Jungen
verteidigt sie mutig
tschilpt
und schlägt mit den Flügeln

Ein Rotkehlchen ist im Garten
zu Gast heute früh
sitzt unter der Zypresse
und zwitschert zart

Die Störche kommen zurück
Auf dem Dorfkirchturm
steht ihr Nest
Den ganzen Sommer lang
sieht man die weißen Störche
im Riedgras und an den Teichen

Bienengesumm im Garten
Gelbe und violette Krokusse
Osterglocken im Sonnenschein
Erste rote Tulpen blühen auf
Weidenkätzchen im Wind
Überall milde Frühlingsluft

Weidenkätzchenbaum
weicher zarter pelziger Geselle
stehst neben jenem Haselstrauch
unter dem zwei Eichhörnchen huschen
Sie klettern zwischen Kätzchen
und Haselblüten im Frühjahr
flink empor und suchen dann
fast hätten sie es vergessen
im Boden versteckte Nüsse
vom vorigen Jahr
Zu beiden Büschen
gesellt sich der Forsythienstrauch
der goldgelb blüht zur Osterzeit
Der bunte Garten lockt
auch einen Igel
der sich im Laubhaufen
vom vergangenen Jahr versteckt hat
So lebt der Garten auf mit seinen Tieren
Im Wipfel der Zypresse
hängt ein Meisenkasten
dort seh ich eine Meise brüten
Bald füttert sie geschäftig ihre Jungen
Der Garten ist eine Heimat

Rauschender Bach
singendes Wasser
Funkelnd und glitzernd
Narzissen blühen am Rand

Sanfter Regen im April
klopft an die Fensterscheiben
Im Wohnzimmer
steht ein Tulpenstrauß

Im Mai ein Blütenmeer
Garten voller Maiglöckchen
Überall lieblicher Duft
Die Luft so lind und sanft
Sonne strahlt im azurblauen Himmel
welch ein Blütenrausch im Frühling

Amsel im Apfelbaum
spielt mit den Blüten
baut ihr Nest
brütet
füttert ihre Jungen
singt so schön
in der Sonne

Der rosa Pfirsichbaum

Blütenpracht im Wind
rosa Hauch
mit honigsüßem Duft
öffnen sich neue Knospen
junger Pfirsichbaum
wiegt sich im Frühlingszephir
in Erwartung
erster warmer Sonnenstrahlen

Im Frühling
blüht die Blumenwiese
Kleine Mädchen
sitzen im Garten
winden Blumenkränze
fürs Haar
spielen mit den Blüten
Überall Sonne
Ein sanfter Windhauch
bringt Frühlingsduft

Luftbasenspritzer
seufzen glücklich
Im Wasser des Teichs
springen Frösche

Sonnenschein im Mai
Ein Entenpaar
zieht zum See
Die Entenmutter
baut an ihrem Nest
Erste Frösche
hüpfen durch das Schilf
Bald werden die weißen Seerosen
aufblühen und leuchten
und der blaue Himmel
spiegelt sich im See

Der Vögel Gesang
erklingt im Frühling
bei Sonnenaufgang
wenn das goldene Gestirn
in der Morgenröte erscheint
ertönen überall
liebliche Vogelstimmen
Die Natur erwacht

Wo Himmel und Erde
sich vermählen
jubelt die Seele
Die ganze Natur klingt
Die Sonne singt
Kleine Kinder jauchzen
klatschen in die Hände
aus Freude am Leben

Kirschbaum

Reife rote Früchte
hängen am Baum
der Wind streicht zart
über die Blätter
pflücke mich
flüstern die Kirschen
und lass meine Süße
in deinem Mund zergehen

Libellen flirren im Schilf
Kinder werfen kleine Steine
in den grünen Teich
Wassertropfen spritzen
funkeln in der Sonne

Silberreiher steht am See
fischt im Wasser
Spaziergänger gehen vorbei
bewundern den Reiher
und am Ufer
die rosa blühenden
Magnolienbäume

Heute morgen
tropft der Regen
gegen die Fensterscheibe
Der Himmel grau
wolkenverhangen
Nur die Kristallvase
mit der Orchidee
leuchtet am Fenster

Silberfein schwindet die Nacht
Vogelkonzert
begrüßt die Morgendämmerung
erstes Singen
nach sanftem Regen

Der Himmel spiegelt sich
im blauen See
kleine Wellen
schlagen an den Strand
Die weißen Wolken ziehen
Heiß brennt die Sonne
über dem Land

Fünf Uhr in der Frühe
flieht die Nacht
der Tag beginnt
Vögel singen
in den Bäumen
Pfirsichfarben s
scheinen erste Strahlen
Rosarot leuchtet
der Horizont
Bald erscheint
die güldene Sonne
wärmt erwachende Natur
Seerosen öffnen sich
im blauen Teich
Sie atmen Licht

Blüten in der Morgendämmerung
ein Duft so süß
Knospen öffnen sich
Taubedeckter Schimmer
im Morgenrot
wenn erste Sonnenstrahlen
die Blütenpracht
zum Leuchten bringen

Sahnewolken
und blauer Himmel
ein Frühlingstag
Die Sonne
wärmt die Wiesen
und Gräser
Im Wald
ruft der Kuckuck
Die Veilchen
duften im Moos
und die Baumstämme
schimmern golden
im Licht

Heiterkeit und Leichtigkeit
lebendige Seele
froher Herzschlag
Lächeln
ein Lied auf den Lippen
Himmlische Freude
voll großer Dankbarkeit

Du meine Sonne

In der Dämmerung schon
hört man die Vögel singen
Morgenröte
erster glänzender Schein
Sonne
strahlendes Gestirn leuchtet
und wärmt zur Mittagszeit
Die Blumen öffnen sich
und die Rose
verströmt berauschenden Duft
Abends leuchtet am Himmel
ein feuerroter Ball
bis in der hereinbrechenden Nacht
der Abendstern funkelt

Sanft strömt der Regen
vom Himmel
die Sonne scheint mild
Ein gnadenreicher Regenbogen
spannt sich über das Land
Zeichen der Versöhnung
von Himmel und Erde
Die Blumen werden getränkt
Das Laub der Bäume
erstrahlt in frischem Grün
Die Quellen fließen
und die Bäche rauschen
Der Erde Durst wird gestillt
Die Farben des Regenbogens
verheißen Frieden, Wasser und Sonne

Blütengespräche

Die blühenden Bäume raunen
sie flüstern sich Knospenlaute zu
Blütengespräche mitten im Frühling
Der Kirschbaum wiegt sich
in schneeweißer Pracht
Bist du schon wach
Seufzen die keimenden Hyazinthen
Schneeglöckchen lugen hervor
Violetter Krokus
lispelt verliebt
mit den Vogelstimmen um die Wette
Der rosa blühende Pfirsichbaum
träumt samtig im Garten
Der Birnbaum erwacht
Es schwellen die Knospen
Vor dem alten Fachwerkhaus
schmückt sich ein Kastanienbaum
mit weißen Blütenkerzen
und ruft die Vögel in seine Zweige
zum Singen und Nisten im Frühling

Wenn der rote Mond
blass geworden ist
und die Milchstraße
ihr funkelndes Licht
über die Erde ergießt
decken mich die Sterne zu
Der Himmel schließt mich
in seine Arme

Mitternächtliche Ruhe
Der Sternenhimmel leuchtet
Sanft scheint der Mond
durch das Fenster
Die Vögel schweigen
und die Blumen schlafen
Still atmet die Natur

Atem der Liebe

Atem der Liebe
Tanz im Licht
Heiterer Glanz
im Himmelsfirmament
Lächeln der Blüten
Duft der Blumen
Süßes Angesicht
der Gärten
Goldener Weinstock
Sanfter Hauch
über allem

Unendliche Harmonie

Wir alle
sind harmonische Instrumente
Unser Schöpfer
spielt seine Melodie
sein Konzert
in uns
und in der Natur
auf der Erde
wie im Himmel